SOMMAIR

*Copie en bronze
la statue de Rollon
à Rouen, offerte
à la ville d'Ålesund,
en Norvège.
(Photo Karina Kleiva)*

INTRODUCTION

Les Vikings, autrement dit les Scandinaves qui lançaient leurs expéditions guerrières depuis la Norvège et le Danemark essentiellement, parlaient tous plus ou moins la même langue et se comprenaient fort bien en dépit de certaines différences dialectales. C'est donc cette langue, le norrois, qu'ils ont introduite à partir du IXe siècle dans la future Normandie.

En effet si, par le traité de Saint-Clair-sur-Epte, le roi Charles le Simple concédait officiellement en 911 le comté de Rouen « à Rollon et à ses compagnons » (comme l'exprime une charte de 918), certains Scandinaves s'étaient déjà installés collectivement depuis plusieurs décennies dans le nord du Cotentin et dans les îles de la Manche, de façon tout à fait autonome : on a même retrouvé, selon toute vraisemblance, l'emplacement d'un *þing*, une assemblée locale dans la Hague. D'autres petits groupes ont occupé les ports de la Seine abandonnés à la suite des incursions de la seconde moitié du IXe siècle. Et de nouvelles bandes de Vikings ont continué de débarquer en Normandie jusqu'au milieu du Xe siècle.

Les Vikings de Rouen ont joué la carte de l'insertion et n'ont pas fondé d'État scandinave. Cela n'impliquait pas pour autant l'abandon de leur héritage culturel, qui est venu au contraire enrichir la société dans laquelle ils s'inséraient, politiquement et socialement, mais en relativement petit nombre.

La population locale, qui parlait des dialectes de la langue d'oïl, n'a de toute évidence pas cherché à apprendre le norrois, qui s'est maintenu dans un premier temps grâce aux relations que la Normandie entretenait avec le monde nordique jusqu'au début du XIe siècle, mais aussi grâce à l'arrivée des nouveaux contingents scandinaves après 911.

Il est vrai aussi que le norrois n'est jamais devenu une langue dominante, et que son usage était géographiquement localisé : il a dû disparaître plus vite dans certaines zones et résister dans d'autres, notamment les zones côtières. Dans son *Histoire des Normands*, rédigée entre 1015 et 1026, Dudon de Saint-Quentin indique que la « langue dace » (autrement dit celle des Danois) était encore en usage à Bayeux du temps de Guillaume Longue-Épée, le fils de Rollon. Vers 940, en effet, Guillaume, qui résidait à Rouen, y a envoyé son jeune fils Richard pour qu'il puisse apprendre la langue de ses ancêtres. Dudon précise qu'à Bayeux on parlait celle-ci plus communément que la langue romane, alors qu'à Rouen ce n'était déjà plus le cas. L'explication en est sans doute la colonisation tardive du Bessin, à défaut d'être massive, et une moindre influence de la Francie.

Benoît de Sainte-Maure, vers 1170, dans sa *Chronique des ducs de Normandie*, va même jusqu'à affirmer, pour sa part, que déjà du vivant de Guillaume on ne parlait plus norrois à Rouen !

Il n'empêche que le norrois a été parlé suffisamment longtemps en Normandie pour y laisser des traces dans les dialectes locaux, faits d'une langue d'origine latine et sous influence germanique, celle des Saxons (dans le Bessin) et surtout des Francs. Le francique (qu'on ne connaît que de manière conjecturale) comportait d'ailleurs bien des mots proches de l'ancien scandinave, non moins germanique, comme **bosk*, bois (norrois *busk*, même sens), **bur, *kot*, cabane (norrois *búr, kot,* même sens), etc. Les Vikings, faute de véritable compréhension mutuelle, reconnaissaient ces mots-là, ce qui a pu être propice à leur intégration linguistique.

Toujours est-il que l'apport du norrois aux patois normands est inexistant du point de vue de la morphologie (autrement dit les formes des verbes, des noms, etc.), tout comme du point de vue de la syntaxe (c'est-à-dire la construction des phrases). En revanche, il se remarque très ponctuellement sur la prononciation, et plus largement sur le vocabulaire, sachant que ces patois restent quand même exclusivement dans le domaine linguistique français.

Ce qu'on appelle aujourd'hui les patois normands, c'est en réalité le reflet de la diversité lexicale de la langue d'oïl en train de se forger au Moyen Âge en Normandie. À cette époque-là, elle possédait une grande richesse vocalique et consonantique, qui s'est beaucoup simplifiée par la suite et elle était capable d'intégrer sans trop de peine les termes norrois.

Évolution de quelques voyelles et diphtongues norroises en Normandie :

[a] > [a] ou [ɑ], parfois > [ɑo] : *stafn* > **étâne** ; *mávar* > **mâoves**
[a] final inaccentué > [ə] : *mella* > **melle**
[i] final inaccentué > [ə] : *flikki* > **flique**
[o] > [o], parfois > [u] : *skor* > **écore** ; *boði* > **boue**
[u] > [y], parfois > [œ] : *grunnr* > **grune**, **greune**
[y] > [u] : *lýr* > **lu**
[ö] > [o] : *kökkr* > **coque**
[au] > [o], parfois > [u] : *haugr* > **hogue**, **hougue**
[ei] > [e] : *beita* > **baite, bète**

Évolution de quelques consonnes et groupes consonantiques norrois en Normandie :

[ð] > amuïssement complet : *bráð* > **bra**
[f] > [f], parfois > [v] : *hornfiskr* > **horfi** ; *torf* > **torve**
[g] > [g], parfois > [k] : *bingr* > **bingue** ; *hrogn* > **roque**
[h] > [h] fortement expiré, parfois > [χ] : *hár* > **hâ**
[j] > [ʒ] : *lýja* > **élugi**
[þ] > [t] : *þang* > **tangon**
[sk] > [esk] > [ek] : *skálda* > **écâode**
[st] > [est] > [et] : *stokkr* > **étoc**

La plupart des substantifs n'ont d'ailleurs pas été intégrés au nominatif (où la désinence -r est fréquente) mais à l'accusatif (caractérisé par l'absence de désinence) : ex. : *falr*, accusatif *fal* > **fale** ; *mávar* (pluriel), accusatif *máva* > **mâoves** ; *brúðmaðr*, accusatif *brúðmann* > **bruman**. Font exception, entre autres : *mykr* (> **mucre**), *akr* (> **acre**), *tjóðr* (> **tierre**).

En outre, au Danemark, au IXe siècle, le [h] tombe à l'initiale devant *-l*, *-n* et *-r*, mais le [v] est conservé à l'initiale devant *-r*, et la métaphonie de *a* par *u* (*a* > *ö* au voisinage d'un *u*, qui ensuite peut disparaître) n'a pas encore eu lieu : ceci explique certaines formes normandes reprises aux Vikings (majoritairement danois en Normandie). Exemples : **rogn* (vieux danois) [norrois *hrogn*] > **roque** ; **vreki* (vieux danois) [norrois *reki*] > **vré** ; **hafn* (vieux danois) [norrois *höfn*] > **hâblle**.

Une fois intégrés, les mots font partie de la langue d'oïl dont ils épousent dès lors le système phonétique.

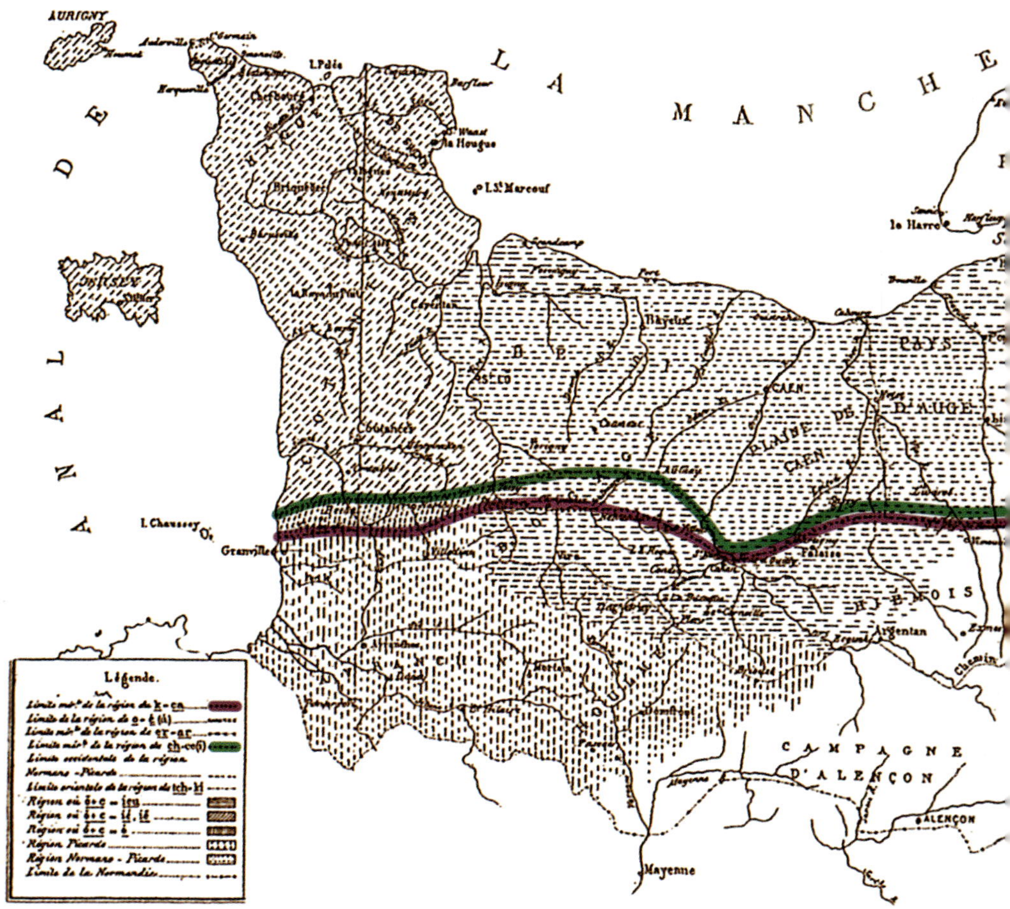

Carte extraite de l'ouvrage de Charles Joret, Des caractères et de l'extension du patois normand, Paris, 1883.

En 1883, Charles Joret a montré que la Normandie était divisée en deux zones, séparées par une ligne allant à peu près de Granville à Gisors (en passant au nord de Vire, au sud d'Orbec et à l'est d'Évreux) : au nord de cette ligne (où se placent également les îles anglo-normandes), on appelle un chat un *cat* et on compte en *chinquaunte* et en *chent*.

Certes les isoglosses, c'est-à-dire les limites de ces phénomènes phonétiques, ont été affinées depuis, mais il est de fait que le *c* du latin, suivi d'un *a*, a abouti à la prononciation [k] au lieu de [ʃ] : *câod* (chaud), *braunque* (branche) – et que le *c* du latin suivi d'un *e* ou d'un *i* a abouti à la prononciation [ʃ] au lieu de [s] : *chendre* (cendre), *bachin* (bassin). Il s'y ajoute un certain nombre d'autres phénomènes, comme le v latin (prononcé [w]) aboutissant à [v] au lieu de [g] : *varou* ([loup]-garou), *vêpe* (guêpe). Or en aucun cas les Vikings n'en sont à l'origine.

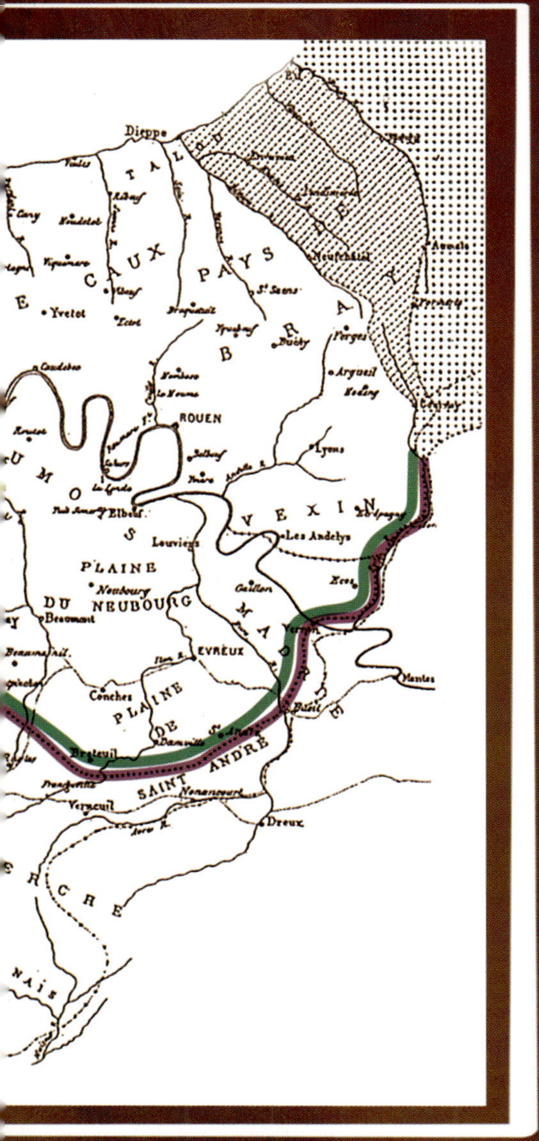

Ces particularités phonétiques sont dues à une romanisation accrue de cette zone en bordure de mer au cours des premiers siècles de la Gaule romaine, essentiellement à des fins politiques et militaires face aux côtes d'outre-Manche. C'est l'influence d'une prononciation locale restée, de ce fait, davantage « latine » qui a fait que les habitants ont reproduit plus fidèlement les sons [k] et [v] germaniques, d'abord ceux des Saxons à leur arrivée dès le IVe siècle, puis ceux des Francs deux siècles plus tard.

Les Vikings, pour leur part, ont tout au plus contribué au maintien du [k] devant un [a] là où ils se sont établis (des pays de Bray, de Caux et du Roumois, jusqu'au Cotentin, en passant par le pays d'Auge et le Bessin) et renforcé la prononciation du [h] germanique jusqu'à la rendre, particulièrement dans le Nord du Cotentin, très fortement expirée.

L'influence scandinave est donc essentiellement lexicale, sachant bien sûr qu'elle est relativement limitée, et à peu près commune à toute la zone d'implantation. Le domaine maritime prédomine, mais il ne doit pas en faire oublier d'autres : rural, personnel et domestique. À force d'être entendus par la population locale, certains mots utilisés par les Vikings (ceux de la vie quotidienne et les termes techniques ayant trait à leurs activités) se sont inévitablement imposés et ont enrichi son vocabulaire, tandis que d'autres avaient tendance à renforcer l'usage de tel ou tel mot franc déjà existant, dont la prononciation et le sens étaient proches, voire s'y substituer. Les locuteurs francs ont, de manière générale, emprunté aux Vikings les mots dont ils avaient besoin, sans véritable contrainte.

Les patois des îles anglo-normandes et ceux du Nord Cotentin, très voisins, ont maintenu certaines caractéristiques de l'ancien normand, disparues dans le reste de la Normandie sous une influence accrue du français. Si ce conservatisme est d'autant plus marqué dans les îles, du fait du contexte politique, les patois insulaires ont toutefois été exposés à l'influence de l'anglais, phonétique, mais surtout lexicale (avec des termes comme le *grêvîn*, la sauce ; *stanner*, supporter ; *corlé*, frisé).

Un cat / un chat
(Photo Dimitri Hayez)

Dialectales

Dans l'aperçu qui suit, il ne sera question ni des mots scandinaves passés en français « standard » (dont beaucoup sont du domaine maritime) et toujours en usage aujourd'hui, ni de ceux qui ont disparu (pour la plupart dès le Moyen Âge), mais uniquement des mots qui colorent les patois normands – de la *Graund Terre* et des îles – et dont quelques-uns s'entendent encore dans la langue de tous les jours, en Normandie.

Les mots en caractères gras correspondent aux vocables apportés par les Vikings, mais aussi à leurs dérivés : nouvelles formes (tel verbe formé à partir d'un substantif ou vice-versa, tel adjectif formé à partir d'un verbe ou d'un substantif, etc.) et nouvelles significations. L'orthographe est, selon le cas, celle qu'on admet généralement en Normandie, à Jersey et à Guernesey.

Dialec[illegible]s

À la Mer

Les Paysages

Espèces marines et Pêche

Bateaux et Navigation

A LA MER
Les Paysages

Les mielles et le melgreu. (Photo Jean Renaud)

Les **mielles** sont les dunes de sable du Cotentin et des îles anglo-normandes [du norrois *melar* ou *mjelar*, pluriel de *melr*, dune], semées de touffes de **milgreu** (ou **milgré, melgreu)** : l'oyat (*Ammophila arenaria*) [norrois *melgras*, même sens : littéralement herbe (*gras*) des dunes (*melr*)]. L'**estran** (ce mot est passé en français dans le langage des géographes) est la grève mouillée, la partie du littoral que la mer couvre et découvre, lorsqu'elle monte et qu'elle descend [norrois *strönd*, forme danoise **strand*, rivage] ; et le **fllot** est la marée montante [norrois *flóð*, même sens].

Dans les cavités des rochers, les **houles** (ou **houoles)**, on pêche des crustacés et des poissons [norrois *hol* ou *hola*, cavité, trou]. D'ailleurs, **houler**, à Jersey, c'est pêcher à marée basse, et **s'houler**, se cacher dans un trou (en parlant d'un crabe ou d'un congre). Sur les rochers pousse le **tangon**, autrement dit les algues brunes (*Fucus*) (dans le patois du Nord Cotentin et des îles) [norrois *þang*, algue]. La **vélingue** et la **vaundène** sont plus précisément la laminaire (*Laminaria saccharina*) [du norrois **vringla* et *vinda*, enrouler].

Le **vré** ou **vrai** est le varech (dans les îles et le Cotentin), les algues brunes (*Fucus* et *Laminaria* essentiellement) souvent rejetées par la mer [norrois *reki* (vieux danois **vreki*) ou *vágrek*, littéralement : ce qui est rejeté à la côte (*rek*) par la vague (*vágr*)]. La **vraic'thie** (patois de Jersey), la récolte du varech destiné à fertiliser les champs, est le travail des **vraitcheux** à la **vraitchaison** ; du verbe **vraitchi** (ou **vréqui** dans le Cotentin), ramasser ou couper du varech.

Les rochers sont parfois caractérisés par leur aspect. Dans l'ouest du Cotentin et les îles, une **boue** est un rocher à fleur d'eau [norrois *boði*] ; les rochers émergents et autres points du littoral servent de **merques (**ou **mèrs** à Jersey) aux marins, c'est-à-dire d'amers [norrois *merki*, même sens] ; et la **grune** (**grunne**) ou **greune** est le haut fond rocailleux, qui reste couvert ou ne se découvre que très rarement [norrois *grunnr*, fond marin]. Un **ho** (patois de la Hague) est une petite baie encastrée dans une falaise [norrois *hóp*, même sens].

La **tangue** (ce mot est passé en français) est le sable vaseux et calcaire des estuaires, récolté pour servir d'engrais [du norrois *tangi*, langue de terre ou de sable ; avec un curieux changement de sens : on est passé de la langue au sable]. L'adjectif **tangueux** en décrit l'aspect, et **tanguyi**, c'est épandre la tangue.

Le tangon. (Photo Jean Renaud)

Quand le pêcheur rentre au **hâblle** ou **hâvre**, au port [norrois *höfn*, **hafn*, même sens (le mot havre est passé en français), et à Jersey, **havrer** signifie abriter], les **mauves** ou **mâoves** (à Guernesey **maoues**) ne manquent pas de l'accompagner : ce sont les mouettes et les goélands en général [norrois *már*, au pluriel *mávar*, même sens]. Toutefois, à Jersey, une **maûve** désigne surtout le goéland argenté (*Larus argentatus*) et une **maûvette** est une mouette rieuse (*Larus ridibundus*). Mais gare à la **bête havet** (patois de Valognes) ou **havette** (dans le Val de Saire), cette espèce d'ondine qui, la nuit, attire les hommes au bord des eaux pour les noyer [le mot vient sans doute du francique **haf*, crochet, mais il est curieux de constater que le norrois **hafvættr* signifie littéralement : créature surnaturelle (*vættr*) de la mer (*haf*)].

La vraic'thie à Guernesey (Illustration de Henry Wimbush, The Channel Islands d'Edith Carey, 1924. Collection privée.)

A la Mer
Espèces Marines et Pêche

Tortillon de sable laissé par un sandon sur l'estran. (Photo Dimitri Hayez)

L'estran grouille de vie : les coquillages ont longtemps servi de complément à l'alimentation dans les zones côtières. Les **fllies** (même mot à Guernesey, mais à Jersey les **fliées**) sont les patelles (*Patella vulgata*) [le mot *fliða*, en féroïen, a le même sens], et **fllier**, c'est les pêcher en les détachant du rocher avec un couteau. Quant aux **fllons**, ce sont les tellines (*Donax vitatus*). À Jersey les **vlicots** (noirs et gris) sont les bigorneaux (**nièr vlicot** : *Littorina littorea*, **gris vlicot** : *Trochus lineatus*) [dont la spirale rappelle le verbe danois *vrikke*, entortiller], et les **vliques** désignent tous ces coquillages en spirale, y compris les buccins (*Buccinum undatum*) ; la **vlique dé chance** étant la porcelaine ou grain de café (*Cypraea europea*).

Parmi les crustacés, la **crabe** (terme général pour toute espèce de crabe) est le plus fréquent [norrois *krabbi*, même sens ; le mot est devenu masculin en français]. Une **crabette** est un petit crabe, et à Jersey, on dit du **crabin** en parlant des petits crabes – et on notera que, toujours à Jersey, une **crabe**, c'est aussi un pou ! Le **houvet** (à Jersey **houais** ou **ouais**) est le tourteau (*Cancer pagurus*), et le **houvelin** ou **houolin** (à Jersey **hueûlîn,** à Guernesey **heulin**, **houblin**), l'araignée (*Maia squinado*) [sans doute du norrois *hófr*, sabot, par allusion à la forme de leur carapace ; en norvégien dialectal, *hov* se dit de la carapace des crustacés]. Dans les îles le **haeulin** désigne parfois aussi un jeune tourteau. Le **houmard**, ou à Jersey le **honmard** (pour une femelle la **honmarde**), est le homard (*Homarus gammarus*) [norrois *húmarr*, même sens].

Le **havetâoque** est une petite pieuvre (*Octopus vulgaris*) qu'on trouve près des côtes (dans le patois du Cotentin) [peut-être du norrois *haf*, mer, et *tágar*, filaments).

Pour la pêche, on se sert d'appâts appelés collectivement **bète** (ou **baite**) dans le Cotentin, le Bessin et les îles [norrois *beita*, même sens]. Le **sandon**, ver de sable (*Arenicola marina*), en fait partie [norrois *sandormr*, même sens ; littéralement ver (*ormr*) de sable (*sandr*)], tout comme la **fifote** (à Dieppe, dans le Bessin et le Cotentin), l'étoile de mer (*Asterias rubens*) [ainsi appelée du nombre de ses branches : *fimm*, cinq, et *fótr*, littéralement pied]. Le verbe **bétaer** (à Guernesey, **bétaïr**), ou **abéti**, signifie appâter ; l'**abet** est l'appât. D'où les sens dérivés d'**abêti** : tromper, attraper, et, à Jersey, stupéfier.

A la Mer
Espèces Marines et Pêche

Des hâs. (Photo Jean Renaud)

Les **écrèdes** désignent, dans les îles, les écailles [peut-être par association avec le norrois *skreið*, poisson séché, en renfort du francique **skarda*]. Le verbe **écréder** signifie écailler. Et le poisson peut être **rocu**, c'est-à-dire rogué, œuvé : la **roque**, dans le patois du Bessin (mot passé en français sous la forme « rogue »), ce sont les œufs de poisson [norrois *hrogn*, même sens].

La **fllondre**, ou **fliandre** (à Jersey), est le flet (*Platichtys flesus*), poisson plat proche de la plie [du norrois *flundra*, même sens]. Le **hâ** (dans les îles, **haû**), le chien de mer (ou milandre, *Galeorhinus galeus*) se pêche au large [norrois *hár*, même sens ; en composition, *há-* caractérise toute espèce de requin, par exemple : *hákarl*]. Parmi les autres poissons, on trouve le **horfi** ou l'**orfi** (dans les îles et le Nord Cotentin), l'orphie (*Belone belone*) : le mot est passé en français mais a perdu son [h] fortement aspiré [norrois *hornfiskr*, même sens : littéralement poisson (*fiskr*) avec bec ou corne (*horn*)]. Le **lu**, à Guernesey, est le lieu jaune (*Gadus pollachius*) [norrois *lýr*, même sens] ; et dans les îles et le Cotentin, le **vra** est la vieille (*Labrus bergylta*), poisson des côtes rocheuses [la forme **vrac** en fait un dérivé de varech, d'où le nom de *vraicfish* en anglais de Jersey : littéralement poisson (*fish*) de varech (*vraic*)].

Les Vikings ont également transmis des noms de filets, témoins d'une activité de pêche qu'ils ont exercée suffisamment longtemps pour que la population locale les adopte – car ils avaient sans doute des techniques particulières. Le **havenet** (mot passé en français sous la forme « haveneau ») ou **hanniet**, est un filet tendu sur deux perches et formant en son milieu une poche, conçu à l'origine pour capturer le poisson le long de la côte, mais servant aujourd'hui à pêcher la crevette [le même mot existe en *norn* des Shetland : *avnet*, filet de pêche ; norrois **háfnet*, littéralement filet (*net*) en forme de poche, de nasse (*háfr*)]. Par extension, dans le Cotentin, le **havenet** est aussi un filet (qu'il faut tenir à deux) pour attraper des oiseaux, comme les grives en hiver.

Mais à Guernesey, le **hav'net** est un petit filet à crevettes muni d'un manche, tout comme la **have** à Jersey [norrois *háfr*, poche, nasse]. Le **dranet** (ou **drannet**, à Jersey) est un grand filet qu'on traîne dans l'eau peu profonde, tandis que le **lanet** est un petit filet monté sur un manche et qu'on plonge dans l'eau [du norrois **dragnet* et **lagnet*, composés respectivement de *draga*, tirer, et *leggja*, poser, associés à *net*, filet]. **Dranneter**, à Jersey, c'est pêcher au **drannet**. Le verbe norrois *draga* est également à l'origine de **dragyi** (patois du Bessin), c'est-à-dire marcher dans l'eau, avec peine. Et les **dragues** sont des bottes cuissardes.

A la Mer
Espèces Marines et Pêche

Des vliques dé chance. (Photo Jean Renaud)

Quand on pêche au large, on utilise le **sâonet**, un filet de pleine mer [norrois **sjánet*, littéralement filet (*net*) de mer (*sjár*)], et surtout une ligne garnie d'hameçons, les **aingues** (Cotentin et Bessin) [du norrois *öngull*, crochet, hameçon, renforçant l'anglo-saxon *angul*, même sens]. Pour la pêche aux anguilles, à Jersey, on dit un **cro** au lieu d'un **ain**. Mais par ailleurs un **croc**, ou **cro** (à Jersey), est un crochet pour pêcher certains poissons et les crustacés (comme le **croc à haeûlins**, à Guernesey), ou un grappin pour retirer le varech de l'eau [norrois *krókr*, même sens, en renfort du francique **krok*].

Écoraer, c'est tenir le compte du poisson pêché à bord d'un bateau (au pays de Caux) [du norrois *skora*, cocher, faire une entaille]. L'**écoreux** est chargé de surveiller le déchargement et la vente du poisson, et l'**écore**, le registre sur lequel sont inscrits les comptes d'un bateau de pêche.

La pêche au havene
(Illustration du Trai
général des pesche
Paris, 1769-8.

A LA MER
Bateaux et Navigation

On distingue les houordes sur cette barque.
(Photo François Renault)

Un **fllondrier** est un petit bateau de pêche non ponté, utilisé sur la côte du Bessin [nom dérivé de *flundra*, flet], et une **écâode** [du norrois *skálda*, barque] est une petite barque utilisée dans les marais, faite d'une seule pièce et propulsée à la perche, comme on en a découvert (entre autres) datant de l'époque viking au Danemark.

Toutefois ce ne sont pas des types d'embarcation spécifiquement scandinaves et le patois normand n'a pas emprunté les noms des bateaux construits à clin des Vikings. En revanche, il a conservé ceux de certains éléments de la charpente et du gréement, sachant que nombre de ces termes de marine sont passés en français : mais les exemples pris dans le patois de Jersey (confronté à l'anglais) sont la preuve de leur usage local.

La **tchelle** (Jersey) est la quille [norrois *kjölr* (pluriel *kilir*), même sens], que chevauchent les **vrangues** (Jersey), les varangues [norrois *(v)röng*, pluriel *(v)rangar*, même sens] et sur laquelle repose la **kierlingue,** ou **tcherlingue** (Jersey), la carlingue [norrois *kerling*, même sens], où vient s'implanter le mât. La **bordaille** (Jersey) est le bordage [norrois *borð*, planche ; en renfort du francique **bord*] et les trous percés dans le dernier ou l'avant-dernier bordé pour recevoir les avirons s'appellent les **houordes,** vestiges de la construction navale scandinave sur certaines embarcations normandes jusqu'au siècle dernier [sans doute du norrois *hurð*, porte ; car on pouvait fermer ces trous par des clapets]. Les **dales**, ou **dalots** (Jersey), ce dernier mot étant passé en français, sont les rigoles pour l'écoulement de l'eau [norrois *dæla*, même sens].

Sur les baux est assis le **tillac** (Jersey), le pont ou le demi-pont ; et la **til'ye** (Jersey) ou **tire** (patois de Barfleur) est le compartiment avant et arrière d'une embarcation non pontée [norrois *þilja*, plancher ; pont ou partie de pont]. La **rem** est la cale d'un bateau de pêche (à l'origine, c'était la cale entre les deux demi-ponts) [norrois *rúm*, espace (sur un bateau)], et l'**étâne** (Jersey) est l'étrave [norrois *stafn*, même sens].

A la Mer
Bateaux et Navigation

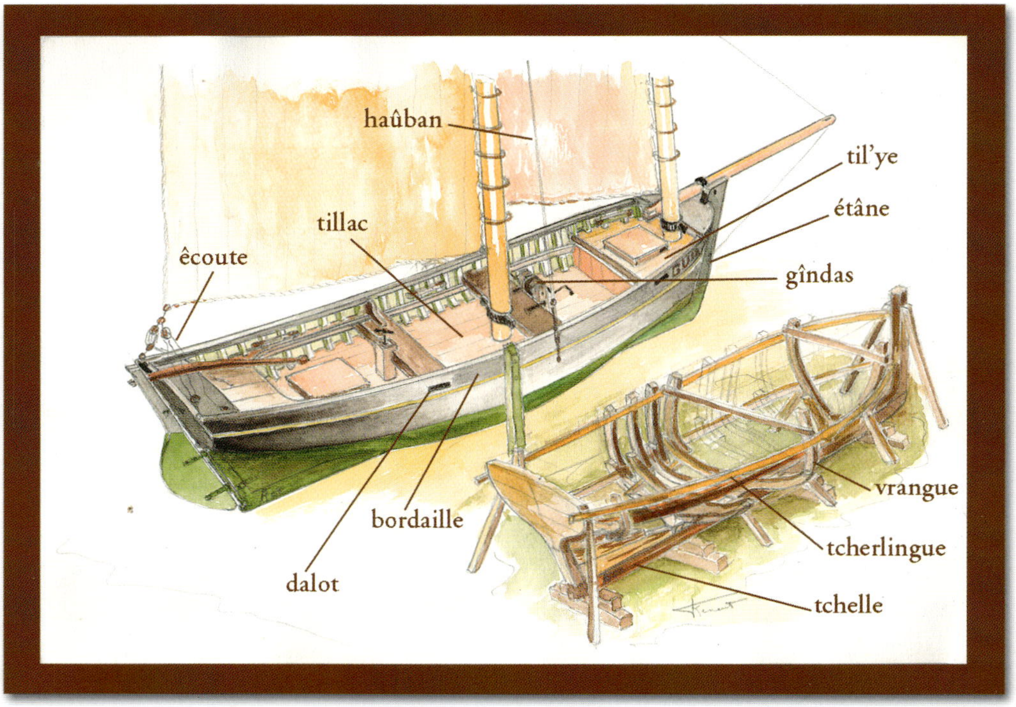

Quelques termes de marine issus du norrois en patois de Jersey. (Dessin de François Renault, bisquine de Guernesey)

Pour permettre au bateau de prendre la mer, il faut l'**êtchiper** (Jersey) [norrois *skipa*, mettre en ordre, arranger], l'armer, c'est-à-dire le gréer ou **graie** (Jersey) [norrois *greiða*, même sens], mettre en place les **agrès** [norrois *greiði*, attirail, équipement] : entre autres les **haûbans** (Jersey) qui maintiennent le mât latéralement [norrois *höfuðbenda*, même sens ; littéralement lien (*benda*) de sommet (*höfuð*)] ; des cordages tels que la **bôlinne** (Jersey), destinée à tendre la voile vers l'avant [norrois *bóglína*, même sens ; littéralement cordage (*lína*) de proue (*bógr*)], l'**êcoute** (Jersey), fixée au coin inférieur de la voile [norrois *skaut*, même sens] ou les **ris** (Jersey), ces petits cordages servant à replier une partie de la voile [norrois *rif*, même sens]. Le **gîndas** (Jersey), le guindeau, est un treuil servant à hisser la voile ou l'ancre [norrois *vindáss*, même sens] (c'est aussi la manivelle ou le treuil d'un puits) ; d'où le verbe **gînder**, au sens plus général de grimper, hisser [norrois *vinda*, même sens].

Il faut ajouter des verbes comme **rîsi** et **arrîsi** (Jersey), tendre et détendre la surface des voiles ; ou encore **hammaer** (patois du Havre), ramer de manière à reculer [norrois *hamla*, même sens ; on dit *hamna* en vieux suédois].

DIALE ALES

À LA CAMPAGNE

© Tom Kershaw - Fotolia.com

PAYSAGES, PLANTES, ANIMAUX

ACTIVITÉS RURALES

A LA CAMPAGNE
Paysages, Plantes, Animaux

Des gernottes. (Photo Øystein Ruden)

Une **hougue** (dans les îles) est un monticule ou une éminence [du norrois *haugr*, même sens], et à Jersey une **houdgette** ou un **houdgillon** est une petite **hougue**. À Guernesey un **houmet** désigne une prairie à demi entourée d'eau [norrois *hólmr*, îlot] et la **torve**, c'est la tourbe [norrois *torf*, *torfa*, même sens]. Un **houlet** est une brèche, une ouverture, et une **houlette** (dans les îles une **houle**), l'entrée d'un terrier de lapin [norrois *hola*, trou dans la terre]. Une **écore** est une berge escarpée [du norrois *skor*, crevasse, précipice], et la **vâtre** est l'eau bourbeuse, la boue (où certains animaux se roulent volontiers) [norrois *vatn*, eau] : d'où le verbe **se vâtrer**, se rouler dans la boue.

La **rimée**, c'est-à-dire la gelée blanche [le norrois *hrím*, même sens, vient renforcer un équivalent germanique] correspond au verbe **rimer**, geler à blanc. Une **flique** est un flocon de neige [norrois *flyksa*, même sens). Et la **bliâse** (à Jersey) ou **bllâse** (à Guernesey) est le brouillard, le **bliâsîn** une légère brume. [Ces mots sont peut-être à rapprocher de *blása*, au sens toutefois différent de souffler, venter]. On dit aussi **bliâser** en parlant d'un temps **bliâseux** (brumeux).

Le **vignot,** dans le patois du Cotentin et du Bessin, (ou le **vignon**, dans l'Orne), désigne l'ajonc (*Ulex europaeus*), arbuste épineux à fleurs jaunes qui pousse sur les sols pauvres [peut-être du norrois **hvin*, qu'on trouve dans *hvingras*, en danois *hvene*, une agrostide]. Dans le Bessin, le **vigné** est la lande couverte d'ajoncs. Le **vamôque** est le coquelicot [du norrois **valmogi* ; en vieux suédois *valmoghe*, même sens]. Quant au **han**, c'est le nom donné au souchet (*Cyperus longus*), une plante herbacée qui pousse au bord de l'eau, dans le nord du Cotentin et les îles (où l'on s'en servait pour faire des cordages ou des nattes) [norrois *hampr*, chanvre]. Une **hannière** est un endroit où l'on récolte du **han**.

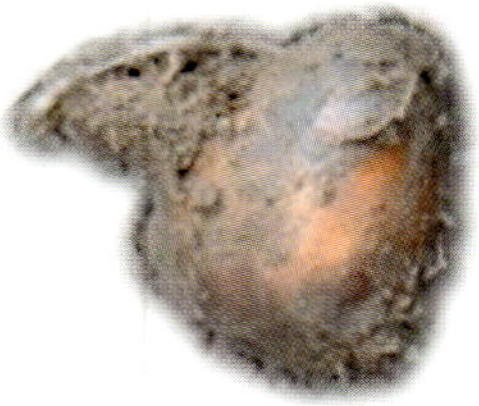

Une gernotte, tubercule. (Photo Jean Renaud)

La **génotte** (ou **gernotte**, **jarnotte)** est la « châtaigne de terre », une petite plante ombellifère (*Conopodium majus*) dont le tubercule souterrain est comestible [du norrois **jarðhnot*, devenu *jordnøtt* en norvégien : littéralement noix (*nøtt*) de terre (*jord*)]. Dans les îles, la **gênotte** désigne une autre plante bulbeuse que les Anglais appellent *Jersey crocus*, la Romulée de Colonna (*Romulea columnae*), de très petite taille, qui fleurit à la fin de l'hiver. Dans le patois du Havre, **égernottaer**, c'est ramasser des tubercules de **gernottes**.

A la Campagne
Paysages, Plantes, Animaux

Un rouoge-fale. (© Cosinus - Fotolia.com)

Des grades.
(© Olivier Tuffé - Fotolia.com)

Les **gades** ou **grades** sont les groseilles en grappes (*Ribes rubrum, Ribes nigrum*). On dit aussi **gradille** (à Jersey **gradile**), et l'arbuste est le **gradellier** (Bessin) ou **gradilyi** (Cotentin et les îles) [du norrois *gaddr*, épine, en dépit du fait que ces espèces n'en ont pas : toutefois les **gadelles**, dans le pays de Caux, sont les groseilles à maquereaux (*Ribes uva-crispa*)... qui en ont. D'un point de vue sémantique, on passe de l'arbrisseau, épineux ou non, à ses fruits]. Et la **craque** est la prunelle, fruit de l'épine noire (ou prunellier, *Prunus spinosa*), dont la couleur rappelle celle de la corneille, d'où leur nom [norrois *krækiber*, même sens ; le mot est composé de *kráka* (corneille) et *ber* (baie)]

Quelques oiseaux portent peut-être des noms issus du norrois. La **mâovis** (le **maûvis**, dans les îles) est la grive mauvis (le mot est passé en français, *Turdus iliacus*) [probablement du norrois *már*, mouette, pluriel *mávar*, du fait de la ressemblance de plumage]. Le **crax** (à Guernesey) est le traquet (*Oenanthe oenanthe*), petit oiseau de la famille des turdidés [sans doute du norrois *krákr*, corneille, corbeau ; peut-être aussi par analogie avec la couleur du plumage]. Le **videco,** dans le Cotentin et les îles (ou **vicot**, patois de Valognes), est la bécasse (*Scolopax rusticola*) [norrois **viðkokkr*, littéralement coq (*kokkr*) des bois (*viðr*)]. La **merquerole** (à Jersey **mèrcrole**) est la foulque macroule, ou judelle (*Fulica atra*) [où l'on reconnaît peut-être le norrois *merki*, marque], et le **rouoge-fale** le rouge-gorge (*Erithacus rubecula*), car la **fale** (ou **falle**) est le jabot des oiseaux [du norrois *falr*, à l'origine le trou par lequel on emmanche le fer d'une lance : peut-être faut-il y voir une analogie avec la façon dont on embroche un volatile ?].

Le vignot.
(© Harvey Hudson - Fotolia.com)

Un raquilloun. (© Cucumber - Fotolia.com)

L'**acre** a longtemps été l'unité de mesure agraire usitée dans toute la Normandie et les îles : importé par les Vikings venus d'Angleterre, ce mot [norrois *akr*, champ] a été influencé sémantiquement par l'anglo-saxon *æcer* (mesure agraire). Souvent divisée en quatre vergées, l'acre équivaut à quelque 80 ares. Une **delle**, c'est une portion de terre labourable. Le mot désigne à l'origine une tenure, dans le cadre du partage des terres effectué parmi les vikings [du norrois *deild*, part, portion ; en vieux danois *dæld* et en norn shetlandais *deld*, pièce de terre]. Le **dellage** est un ensemble de **delles**. Et les **hagues** sont les clos où paissent les bêtes [norrois *hagi*, prairie]. Une **mer** ou **merc** est une borne en pierre servant à marquer les limites d'un champ [norrois *merki*, même sens].

Rêquaer, c'est ramasser les derniers fruits tombés d'un arbre. Mais dans l'Orne, **rêchaer**, c'est gauler les pommes à cidre les plus hautes, en montant dans l'arbre [du norrois *rekja*, étendre, allonger, ou peut-être *reka*, cogner, pousser violemment]. D'ailleurs un **rêquet** est une petite perche pour gauler les fruits en haut d'un arbre, dans le patois de Rouen. La **rêque** (à Guernesey) est la récolte des pommes oubliées dans les vergers.

Le **raquilloun** décrit le rebut de foin que les bêtes mangent, dans la région de Cherbourg ; et **raquillounner**, c'est faucher dans les herbages. Mais un **raquilloun** est un trognon de pomme, de poire ou de chou, dans le patois Valognes [peut-être le norrois *rask*, rebut]. Une **étigue** est une petite branche, une brindille [norrois *stika*, petit bout de bois] et un **étoc** est un tronc d'arbre, une bûche [le norrois *stokkr*, même sens, a pu renforcer le francique **stok*]. Un **étigot** est un bout de bois qui dépasse, mais l'**étigot** c'est aussi le chaume après la moisson, tout comme les **étos**, à Jersey.

Un **coqueron** (Pays de Bray), une **coque** (Pont-Audemer) ou un **coquet** (Louviers) désigne une veillotte de foin qu'on laisse sécher dans un pré [le mot est franc, mais peut-être renforcé par le norrois *kökkr*, tas]. Le **haûgard** (à Jersey) ou **hau-gard** (à Guernesey), c'est le pailler : la cour prévue pour le tas de paille, à la ferme [le premier élément est le norrois *haust*, récolte, le second *garðr*, cour, enclos]. Le **grou**, dans le Bessin, est l'eau fangeuse et fétide [norrois *gróf*, fosse, avec changement sémantique du contenant au contenu, peut-être sous l'influence de *gróm*, saleté]. Une **fllouette** dans le Nord Cotentin, ou un **fllouet** (en patois de la Hague), est une girouette [du norrois *fluga*, voler].

A la Campagne
Activités Rurales

Un fliot. (© Gabriel-Ciscardi - Fotolia.com)

Un **tro**, à Jersey et dans la Hague, est un pétrin [le norrois *trog*, même sens, est venu renforcer un mot francique équivalent, **troga*]. Une **bingue** est une huche à farine dans le Cotentin, et une sorte de panier rond en osier à deux anses dans les îles, où un **bîngot** est une petite **bîngue** ; dans le Cotentin, un **bingot** est un panier en paille tressée, mais aussi un panier à chat ou à chien [norrois *bingr*, huche (en danois *bing*, même sens), également coussin, couche]

Une **canne** (à Guernesey **caunne**) est une grande cruche en cuivre jaune pour transporter le lait [le norrois **kanna*, pot, a pu renforcer la forme romane *canne* existante] ; une **cannée** est ce que peut contenir une **canne**. Dans les îles, c'est aussi une cruche ou un pot en faïence ou en porcelaine. Une **bie** est une sorte de cruche [on constate l'analogie du norrois *biða*, petit récipient en bois, avec l'ancien français *buie*, cruche]. Enfin une **pouque** est un sac en toile [norrois *poki*, même sens, sans doute associé au francique **pokka*]. Le mot est devenu « poche » en français. Une **poutchie**, à Jersey, désigne ce que peut contenir un sac. Un **pouquet** ou une **pouquette** est un petit sac, une poche, l'adjectif dérivé **empouqui** signifie gavé de nourriture, et **prenre eune pouque**, c'est mendier (à Jersey on dit **pouqu'ter**).

Une **tyi** (patois du Bessin), ou **tîle** (à Jersey), est une tille (le mot est passé en français), petite hache à lame transversale, munie d'un marteau à l'opposé, outil du charpentier, du couvreur ou du tonnelier [du verbe norrois *telgja*, couper] ; et la **tangue**, dans le Cotentin et les îles, est le talon d'une lame (de couteau, de faucille), qui pénètre dans le manche [probablement en rapport avec *tangi*, langue de terre, qui est de forme semblable].

Pour attacher un animal, généralement une vache mise à pâturer, le (ou la) **tierre** ou **tyire** [norrois *tjóðr*, même sens] est une simple corde (ou chaîne) de deux à quatre mètres, reliée à un pieu, qu'on déplace plusieurs fois par jour en fonction de la quantité d'herbe mangée (la **tierraée**). **Entierraer**, c'est mettre un animal au **tierre** ; **tierraer** et **détierraer**, c'est l'attacher et le détacher. La **graie** (à Jersey) est le harnais, l'attelage, et l'**agrêt** (à Guernesey) en désigne les traits [du norrois *greiða*, installer]. Une **harousse** est une mauvaise jument ou un vieux cheval (le mot passé est en français sous la forme « rosse ») [norrois *hross*, cheval ou jument, peut-être précédé de l'adjectif *hárr*, chenu, vieux], de même qu'un **harin** est un mauvais petit cheval [autre dérivé de *hárr*]. Et monter à **har**, c'est monter à cru (un cheval) [norrois *hár*, poil].

La melle. (© rnwhalley - Fotolia.com)

Dans le nord du Cotentin, un **fllo** (et à Jersey **fliot**), est un troupeau, par exemple de moutons [norrois *flokkr*, bande, troupe]. Le diminutif : un **flloquet**, (un **fliotchet** à Jersey), est aussi un attroupement, une foule, d'où le verbe **s'affliotchi**, s'attrouper. La **mèrque** est la marque de propriété entaillée à l'oreille des moutons : à Jersey le *Livre des Merches* en était le registre officiel [du norrois *mark*, pluriel *mörk*, même sens]. Un **béqueré** (ou **béquerel**, pluriel **béquereaux**, au pays de Caux) est un agneau d'un an [du norrois *bekri*, bélier] ; et une **béquerelle** une brebis qui agnelle pour la première fois.

La **melle** est l'anneau passé dans les naseaux d'un taureau [norrois *mella*, nœud coulant] (**emmellaer**, c'est mettre un anneau à un taureau) ; et c'est l'anneau fixé au mur pour y attacher les animaux. Mais une **melle**, c'est aussi, plus généralement, le maillon d'une chaîne ou tout anneau destiné à recevoir un crochet (un anneau de rideau par exemple) ; à Jersey, une **mellette** est un œillet de chaussure.

Enfétonnaer, c'est sangler une vache quand elle est au pré, pour l'empêcher de lever la tête et manger les pommes dans les pommiers : ce verbe est dérivé de **feste**, une corde [norrois *festr*, même sens] ; l'expression **en féton**, dans le patois du Havre, veut dire être inquiet. **Enheudaer** (à Jersey **enhalaûder**, à Guernesey **enhalôdaï**), c'est contenir une vache ou un cheval au moyen d'entraves, les **heudes** (ou **enhalaûdes**) [du norrois *áhald*, le fait de maintenir, d'entraver].

Dialectes

© Dan D - Fotolia.com

À la Maison

G - Fotolia.com

Vie Domestique

L'Expression Quotidienne

A LA MAISON
Vie Domestique

Une dalle. (Photo Guy Pichon)

Un **cottin** est un cabanon, parfois une niche à chien (patois du Cotentin), une **cotte** une porcherie (dans les îles), et une **cotie** toute une rangée de maisons [le norrois *kot*, hutte, cabane, renforçant l'équivalent francique **kot*]. Une **dalle** est l'égout par lequel s'écoulent les eaux ménagères, ou un évier en pierre, creusée et légèrement inclinée [du norrois *dæla*, tranchée, auge]. Le mot est passé en français en prenant le sens de plaque de pierre. À Jersey, c'est l'ouverture au-dessus de l'auge de la porcherie, par laquelle on verse la nourriture aux cochons (le **dalot** à Guernesey). Plusieurs mots en sont dérivés : une **dallaée**, une flaque d'urine ; **dallaer**, uriner à terre (en parlant des hommes), et (à Guernesey) un **dalot**, une pissotière. Un **viquet** (ou **vitchet** à Jersey) est une petite porte [du norrois *vík*, baie, avec un passage sémantique vers porte, les deux impliquant un accès], par exemple l'ouverture ménagée dans un grand tonneau pour pouvoir le nettoyer, ou la trappe d'un grenier. Le mot est passé en français sous la forme « guichet ».

Le **mucre** (y compris dans les îles ; au pays de Bray on dit le **remuque**), c'est l'odeur ou le goût de moisi [du norrois *mykr*, fumier ; peut-être par confusion avec *mygla*, qui a donné remugle en français]. **Mucre**, c'est aussi l'adjectif : humide, de même que **mucraé**, légèrement mouillé ; et la **mucreu** désigne l'humidité. **Mucri** (ou **ramucri**, dans le patois de l'Orne) c'est humecter, humidifier (le linge, par exemple) ; au Havre, **mucri**, c'est devenir humide, en parlant du temps, ou bien moisir. En outre, à Jersey, le **meûque** caractérise l'odeur ou le goût de rance (du beurre).

Un **haityi** (patois de Valognes) est une poêle en fonte pour faire les galettes de sarrasin [peut-être à rapprocher du norrois *heitr*, brûlant, comme l'est cet ustensile, mais ce n'est pas certain]. Une **fllique** (ou **fliche**) est une tranche de lard [norrois *flikki*, tranche de viande], et le **brûquet**, (à Jersey, **brueûtchet**) c'est le bréchet [à rapprocher du norrois *brjósk*, cartilage, peut-être par le biais de l'anglo-saxon]. Les **ênas** (dans les îles) sont les restes (d'un repas) [norrois *snáð*, nourriture], et le **drigo** (à Guernesey) est la boisson [sans doute du verbe *drekka*, boire]. Quant à la **bisque**, c'est le vin acide et léger, de médiocre qualité [du norrois *beiskr*, amer, acide].

Le **dun** (dans les îles), ou le **deum**, le **deumet**, c'est le duvet [norrois *dúnn*, même sens]. Au Havre, c'est aussi ce qu'un torchon à vaisselle usé laisse sur les verres en les essuyant. Un verbe en dérive : **édeumaer**, élaguer, ôter les petites branches qui poussent le long d'un tronc.

Dans le patois de Jersey, un **fa** (ou **fat**) est un complet pour homme (et jadis aussi une robe de femme) [norrois *fat*, habit], la **hourde** l'ouverture d'un jupon par derrière [norrois *hurð*, porte], et un **bro**, un accroc, une déchirure dans un vêtement [norrois *brot*, cassure].

A la Maison
Vie Domestique

Le viquet d'un tonneau. (Photo Jean Renaud)

La **toundre**, dans le nord du Cotentin, ou **tondre** dans les îles, est l'amadou, substance aisément inflammable [norrois *tundr*, même sens] et la **bra**, à Jersey, est la poix du cordonnier [norrois *bráð*, poix, goudron]. Une **glloe** est une bûche [peut-être du norrois *glóð*, cendres rougeoyantes : on est passé de la bûche brûlée à la bûche entière !].

Les **namps** (le mot s'emploie toujours au pluriel) sont, dans les îles, les effets ou gages saisis par l'officier de justice ; au Havre, c'est plus particulièrement le mobilier [norrois *nám*, prise ; d'où le verbe nantir, en français].

Le **run** (ou **rùn**), c'est la place, l'espace (patois des îles) [norrois *rúm*, espace] ; d'où la locution **au run de**, au lieu de, et les verbes **arreuner**, ranger et **dêreuner** déranger (**arrumaïr** et **dérumaïr**, à Guernesey) ; et dans le Cotentin l'expression : **chécun à sen run**, chacun à son tour, et l'adjectif **dérunaé**, détraqué (en parlant du temps).

Le **bruman** est le jeune marié [norrois *brúðmaðr*, garçon d'honneur : on note le changement sémantique], et la **bru**, qui désigne en français la belle-fille, a pris le sens de jeune mariée [sous l'influence du norrois *brúðr*, même sens]. Une **hore** ou une **horette**, désigne une jeune fille [norrois *hóra*, fille de joie. Là encore, quel changement de sens !]. Une **herque** est une fille dégingandée (patois de Rouen) [peut-être à rapprocher de *herkja*, traîner de ci, de là]. La **houle** d'une femme, à Jersey, désigne familièrement son sexe, et une **houlette**, à Guernesey, est une prostituée [mots dérivés du norrois *hol*, trou].

Un **léican** est un benêt, un nigaud [probablement du verbe norrois *leika*, jouer]. La **heune**, dans le patois de l'Orne, désigne la tête [par analogie avec *húnn*, tête du mât, qui a donné hune, en français], et **heunâ**, c'est têtu, entêté.

Enfin la **fale** (ou **falle**), la poitrine, la gorge, l'estomac [on l'a dit, du norrois *falr*] a de nombreux dérivés : **éfalaé**, **défalaé**, décolleté ; la **falue**, sorte de brioche ; **fallu**, ventru, mais aussi orgueilleux ; **s'enfalaer**, avaler de travers (mais à Jersey, **s'enfaler**, c'est se bourrer la gorge) ; et l'expression **avei la fale basse**, être affamé.

Une falue.
(Photo Jean Renaud)

Herpaer. (Photo Jean Renaud)

La **hâti**, c'est la haine [francique **hatjan* et norrois *hata*, haïr] ; la **lague**, l'espèce, la qualité [norrois *lag*, manière]. Les **étibots** sont les agaceries [peut-être formé sur *stikubútr*, bout de bois, par analogie avec l'élément francique **bosk*, bois : le verbe **étiboqui**, agacer, taquiner, signifie à l'origine exciter un animal avec une baguette]. À Jersey, on dit **êtibotchi**, et un **êtiboque** est un taquin.

Une **stipanne,** ou **stipangne** (à Jersey) désigne une rossée, une raclée [peut-être du verbe norrois *steypa*, pousser, faire tomber].

Atori (patois de Bayeux), c'est taché, moisi [peut-être par analogie avec *þorrinn*, amoindri, diminué] ; **libodeux** ou **liboudous**, gluant, gélatineux [norrois *libb*, collant, poisseux] ; **badaé** (patois de l'Orne), mouillé, couvert de boue [peut-être à rapprocher du norrois *baða*, baigner] ; **écômant**, dégoûtant [peut-être du norrois *skömm*, honte].

Hogu, c'est hautain, arrogant [dérivé de norrois *haugr*, hauteur, éminence] ; **stégrîn** (à Jersey), c'est pingre, avare [peut-être du norrois *styggr*, geignard] ; **dénanti**, sans argent, qui ne peut pas payer comptant (patois de l'Eure) [dérivé de *nám*, prise, garantie].

Fllonaé, c'est irrité, en colère [peut-être le norrois *flóna*, s'échauffer, renforçant l'adjectif roman *feloné*, violent, cruel, issu du francique **fillo*] ; **écanchon**, rachitique, tremblant sur ses jambes [peut-être du norrois *skaka*, trembler] ; **gabeux**, farceur [du norrois *gabb*, plaisanterie, moquerie].

Enfin, pour compléter les verbes déjà mentionnés, voici tous ceux qui sont aussi (avec plus ou moins de certitude) d'origine norroise.

Eyaer, c'est voir, observer [peut-être le norrois *eyja*, regarder] ; **bllinquyi** (à Jersey **blyintchi**, à Guernesey **bllinquer**), c'est clignoter, guigner, et **blliquyi**, dans le Cotentin, c'est loucher [norrois *blíkja* ou *blika*, briller, clignoter ; renforçant dans le second cas la forme romane *bicler*]. Un adjectif dérivé, **bllique**, se dit de quelqu'un ayant un œil plus grand que l'autre.

Graie ses souliers. (Photo Jean Renaud)

Bitaer (patois de Vire), c'est toucher (à quelque chose) [sans doute le norrois *bíta*, mordre, affecter]. On dit aussi **abitaer**, et **rabitaer** c'est toucher de nouveau. **Acllaumpaer** (patois de l'Orne), c'est fixer, attacher [du norrois *klampi*, cheville, agrafe]. **Herpaer**, c'est agripper, attraper (au physique comme au moral) [le norrois **harpa*, pincer, renforçant l'équivalent francique, **harpan*] ; dans le patois de Bayeux, c'est prendre au fond de la casserole, en cuisant trop vite ; et, à Caen, on le dit de l'eau ou de la terre qui commence à geler.

Haûter ou **hoûter** (à Jersey), **haoutaïr** (à Guernesey), c'est s'assoupir [norrois *hátta*, se mettre au lit, se coucher] ; **lâonaer** c'est traîner, perdre son temps, flâner [sans doute du norrois *lúinn*, fatigué, épuisé], et **flânaer** (à Jersey **fliaûner**), c'est perdre son temps à bavarder au lieu de travailler [< *flana*, s'agiter inutilement]. D'où les dérivés : **flânnyire**, **fllannette**, femme bavarde, commère ; **fllanneter** (à Jersey **flianneter**), bavarder, cancaner ; **fllâon**, bavardage ; **fllagné** (à Jersey **flianneteux**), bavard.

Hanter eune fil'ye (à Jersey), c'est lui faire la cour, surtout avec l'intention de l'épouser [norrois *heimta*, ramener à la maison, réclamer] ; même sens dans le patois du Havre. **Embarni**, c'est rendre une femme enceinte [norrois *barna*, tomber enceinte], et, non sans ironie, **s'embarni** signifie prendre de l'embonpoint, grossir.

Énaquyi (**ênâtchi** à Jersey), c'est trier [peut-être à rapprocher du norrois *snaka*, fouiller, fourrager]. Dans les îles, le verbe jersiais **graie** ou guernesiais **graïr** n'a pas le seul sens nautique (gréer) qu'on lui connaît en français : c'est, plus généralement, arranger, préparer, nettoyer, faire (le repas, sa chambre, ses souliers, etc.) [norrois *greiða*, même sens]. Et nombreux sont ses dérivés : **s'graie**, s'habiller ; **dêgraie**, dévêtir, défaire ; **ergraie**, raccommoder, réparer, **s'ergraie**, se remettre (d'une maladie) ; on dit même, vulgairement : **graie eune femme** (la posséder).

Grilli ou **égrilli** (à Jersey **êcrîlyi**, à Guernesey **écrillaïr**), c'est glisser [norrois **skriðla*, même sens ; en vieux suédois *skrilla*, patiner] ; d'où **grillement** et **grillade** (à Jersey **êcrîliade**) pour glissade. De même, **lidaer**, dans le patois de Vire, c'est glisser [peut-être à rapprocher du norrois *liða*, glisser, planer, flotter].

Supaer. (Photo Dimitri Hayez)

Gnaquaer, c'est mordre [norrois *gnaga*, grignoter] ; d'où une **gnaquaée**, une morsure de chien ; **naquetaer** (dans le Cotentin), **énaquer** (à Guernesey), c'est crisser et claquer des dents comme un chien qui ronge un os [du norrois *naga*, grignoter]. **Gâopaillaer**, c'est manger gloutonnement [du norrois *gapa*, ouvrir grand la bouche] ; **supaer**, c'est boire en aspirant, et gober (un œuf) [norrois *súpa*, même sens] : un **supous** (à Jersey **supeux**) est celui qui fait du bruit en mangeant ; **draglaer**, dans le patois de Rouen, c'est boire [peut-être, par analogie, du norrois *draga*, tirer (une boisson au tonneau)].

Tilli (à Jersey **tîlyi**), c'est doler ou fendre, et dans le Cotentin, débarrasser une petite branche de ses feuilles à l'aide d'un couteau [norrois *telgja*, fendre à l'aide d'une hache] ; et **évalingui**, (nord du Cotentin), c'est lancer loin de soi, expédier, éparpiller [le mot dérive, par analogie de forme, du norrois *valslöngva*, catapulte].

Gabaer, c'est plaisanter, se moquer [norrois *gabba*, même sens] ; un **gabyi**, au Havre, est un polisson. **Mulaer**, c'est bouder [sans doute dérivé du norrois *múli*, gueule ; en danois *mule*, faire la moue. À rapprocher du nom de l'animal réputé entêté, la mule]. Un **mulard** ou un **muleux** est un boudeur. Enfin **élugi**, c'est fatiguer, ennuyer, ou abasourdir [norrois *lýja*, fatiguer].

À partir du moment où les Vikings se sont sédentarisés en Normandie, ils ont pris sur place épouses et concubines franques et se sont intégrés rapidement à la population indigène : les femmes vont donc jouer un rôle essentiel dans leur acculturation et le déclin de la langue scandinave. Qu'apprend un enfant de sa mère, en effet, si ce n'est sa propre langue et l'ensemble des traditions qu'elle représente ?

Les Vikings, convertis au christianisme, se fondent dans la population, mais ils ont eux aussi un legs à laisser à leurs enfants. C'est donc toute une série de notions qu'ils vont transmettre dans les domaines qui leur sont le plus familier, notions qu'ils expriment dans leur langue.

Il existe donc bel et bien une influence norroise en Normandie : certains l'ont minimisée, d'autres largement exagérée. Il est évident qu'elle n'a pas été aussi marquée que dans d'autres territoires occupés par les Vikings, notamment dans les îles Britanniques. Néanmoins, si l'apport toponymique a été suffisamment important pour conférer à la Normandie un caractère bien particulier, l'apport purement linguistique n'a pas altéré de façon durable les parlers normands, auxquels elle a cependant légué un bon nombre de termes conservés, entre autres, dans le patois.

Vocabulaire français d'origine viking

accore [< *skorða*, étai] ; agrès [< *greiði*, attirail, équipement] ; bitte [< *biti*, poutre transversale] ; brayer [< *bræða*, enduire de goudron] ; bord / border / bordage [< *borð*, planche ; frq. **bord*] ; bouline [< *bóglína*, bouline] ; brandir [< *brandr*, épée ; frq. **brand*] ; carlingue [< *kerling*, emplanture du mât] ; cingler [< *sigla*, faire voile] ; crabe [< *krabbi*, crabe] ; crique [< *kriki*, coin, baie] ; croc / crochet [*krókr*, crochet ; frq. **krok*] ; dalle / dalot [< *dæla*, rigole] ; duvet [< *dúnn*, duvet] ; écoute [< *skaut*, angle inférieur d'une voile] ; équiper / équipage / équipement [< *skipa*, arranger, organiser] ; estran [< *strönd*, rivage] ; étai [< *stag* ; frq. **staka*] ; étrave [< *stafn*, étrave], flâner / flâneur / flânerie [< *flana*, se précipiter étourdiment] ; flot [< *flóð*, marée montante, courant] ; flotte [< *floti*, flotte] ; gabegie [< *gabb*, plaisanterie] ; gréer / gréement [< *greiða*, arranger, équiper] ; guichet [< *vík*, baie] ; guindeau [< *vindáss*, treuil] ; *guinder* [< *vinda*, hisser] ; hanter [< *heimta*, ramener à la maison] ; hauban [< *höfuðbenda*, hauban] ; haveneau [< **háfnet*, filet formant une poche] ; havre [< *hafn*, port naturel] ; homard [*humarr*, homard] ; hune [< *húnn*, tête de mât] ; itague [< **útstag*, cordage en dehors] ; lieu [< *lýr*, lieu (poisson de mer)] ; mare [< *marr*, mer] ; marquer [< *merki*, marque] ; marsouin [< *marsvín*, cochon de mer], nantir [< *nám*, prise de possession] ; orphie [< *hornfiskr*, orphie] ; quille [< *killir*, pl. de *kjölr*, quille] ; racage (< *rakki*, collier de mât] ; raz / raz-de-marée [< *rás*, courant marin (dans un chenal)] ; regretter [< *gráta*, pleurer] ; remugle [< *mygla*, remugle] ; ris [< *rif*, ris] ; rogue [< *hrogn*, œufs de poisson] ; rohart [< *hrosshvalr*, morse] ; tangue [< *tangi*, isthme, langue de terre], taud [< *tjald*, tente dressée sur un navire] ; tillac [<*þilja*, pont d'un bateau] ; tille [< *telgja*, couper, tailler du bois] ; tolet [< *þollr*, cheville de bois] ; turbot [< **þornbutr*, turbot] ; vague [< *vágr*, vague] ; varangue [< *vröng*, varangue] ; varech [< *vágrek*, ce qui rejeté par les vagues].

BIBLIOGRAPHIE

Patrice BRASSEUR, *Atlas linguistique et ethnographique de Normandie* (tomes I-III), Éditions du C.N.R.S., Paris, 1980-1997.

René LEPELLEY, *La Normandie dialectale*, Institut de Linguistique française de l'Université de Caen, 1977 (réédition P.U.C., Caen, 1999).

Jean RENAUD, *La Normandie des Vikings*, Éditions OREP, Cully, 2006.

Élisabeth RIDEL, *Des Vikings et des mots : l'apport des Vikings au lexique de la langue d'oïl*, thèse, Université de Caen, 2007.

L'auteur remercie Catherine Bougy et Élisabeth Ridel pour leur relecture du manuscrit.

Une canne et une tchulotte à viquet.
(Photos Jean Renaud)